AF243610

RÉCIT

DES ÉVÉNEMENS

ARRIVÉS

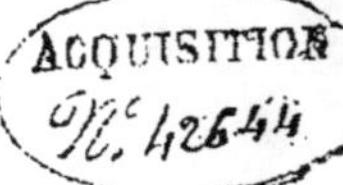

A LA MARTINIQUE.

DÉPOSITION faite pardevant la chambre du commerce de Marseille, ce jourd'hui 23 novembre 1790, par le capitaine Phalangue, commandant le vaisseau la Bonne-Mère, arrivé à Marseille, hier 22, du Fort-Royal, île Martinique :

A dit, qu'il est parti du Fort-Royal, île Martinique, le 6 octobre dernier ; qu'à cette époque le Fort-Royal et le Fort-Bourbon étoient gardés par trois cent hommes de troupe et cent cinquante bourgeois, aux

A 2

ordre de MM. de Chabrot et de Gomier ; que les habitans du Fort-Royal et des environs s'empressoient d'entrer dans les forts pour se mettre en sureté ; que toute communication entre le Fort-Royal et Saint-Pierre étoit interceptée par des détachemens de nègres et d'esclaves, qui étoient à *la Caze* , navire ; qu'ils faisoient feu, de leur mousqueterie, sur les canots qui passoient d'une place à l'autre.

Qu'il a appris devant Saint-Pierre, par un canot de poste , qui est venu à bord lui apporter des lettres, que le 6 octobre, dans la nuit , l'armée, aux ordres de monsieur de Damas, composée presqu'en totalité de gens de couleur, libres et esclaves, avoit attaqué Saint-Pierre, du côté de la batterie de Sainte-Marthe, au sud de la rade de Saint-Pierre, qu'elle avoit été repoussée ; et qu'on lui avoit dit qu'on regardoit comme certain qu'il devoit y avoir une nouvelle attaque le lendemain beaucoup plus vigoureuse, et à laquelle on ne croyoit pas pouvoir résister ; que dans ce cas le désordre a dû être extrême par l'animosité des gens de couleur.

Ledit capitaine a ajouté, qu'on affirme

que l'armée de M. de Damas est composée d'environ quarante mille hommes, tant blancs, nègres et mulâtres libres et esclaves, presque tous armés : dans le nombre desquels environ six mille n'ont qu'une bayonnette au bout d'un roseau.

Qu'il a été mis, tant à Saint-Pierre qu'au Fort-Royal, un embargo sur les bâteaux de petit cabotage.

Qu'enfin, à l'époque de son départ, la consternation étoit générale, tant à Saint-Pierre qu'au Fort-Royal, et les craintes excessives.

A Marseille, le 23 novembre 1790.

Signé, PHALANGUE, à l'original.

Pour copie conforme à l'original déposé aux archives de la chambre du commerce de Marseille. *Signé*, MARIN, neveu, secrétaire.

E X T R A I T

DES DIVERSES LETTRES

Ecrites de Saint-Pierre, île de la Martinique, à plusieurs négocians de Marseille.

Du 19 septembre 1790.

Avant-hier, deux personnes d'ici furent dîner à l'habitation de M. Rougon, sur les hauteurs de *la Caze*, navire. Vers le soir ils furent assaillis par un détachement, composé de blancs et de mulâtres ; ils eurent le bonheur de se sauver, et de se rendre au Fort-Royal ; là, ils racontèrent aux chefs leur aventure : aussi-tôt cent hommes du Fort-Bourbon, et soixante du Fort-Louis, sortirent pour poursuivre le détachement des mulâtres. Ceux du Fort Bourbon les atteignirent à l'habitation de M. le Maître ; les mulâtres les appercevant, se rangèrent à

l'ordre, et firent sur eux une décharge. Heu-
reusement M. de Gomier, commandant les
patriotes, fit coucher ses soldats ventre à
terre, et arrêtât par ce moyen la décharge.
Aussi-tôt ils se lèvent, fondent sur cette
canaille, en tuent quatre, et quinze prisonniers, y compris deux capitaines : MM. Mau-
conduit, et baron Duclos.

Une grande partie des soldats et des patriotes de la Guadelcupe, sont ici : ils de-
maudent tous de marcher pour décider cette
querelle.

Du 20 septembre 1790.

La général bat dans le moment ; c'est pour
assembler ceux qni doivent marcher contre
le gros Morne. Le camp ennemi, à ce que
l'on prétend, est bien décidé à se battre.

Du 28 même mois.

Nous sommes ici dans la plus grande per-
plexité ; la colonie est totalement perdue ;
notre malheureuse troupe est ici, nous nous
gardons. M. de Damas a écrit à M. de Cha-

brot (1) , qu'il vouloit absolument son Fort,
qu'il donnoit pour cela trois jours , et que si
on ne lui rendoit, il sauroit le ravoir , et
mettroit tout à feu et à sang.

Nous avons fait une capture assez consé-
quente. Un M. Dohés (2), qui a été nommé
intendant à la place de M. Foullon, est sorti
du gros Morne, pour aller chercher du secours et des vivres chez les Anglois ; il a été
pris par nos blancs en station autour de
l'île , et a été mené ici.

On lui a trouvé beaucoup de lettres, en
beaucup de copies de celles qu'il avoit écri-
tes : une entr'autres du général de la Domi-
nigue, portant à peu-près ces mots :

« Je suis réellement affligé des troubles qui
» régnent dans votre colonie. Je ne peux
» vous envoyer les secours que vous me de-
» mandez ; mon cœur y répugne , ma déli-
» catesse en souffre. Ainsi ne comptez nul-
» lement sur moi, et même je vous con-

____

(1) Colonel du régimani de la Martinique.
(2) Commissaire de la marine.

» seille de ne pas tarder à vous mettre du
» côté de la nation ; vous ne pouvez tenir
» long-temps, et vous serez toujours con-
» damnable ».

Cette lettre, adressée à M. de Damas, est
à la municipalité, ainsi que bien d'autres
aussi fortes, que je ne puis transcrire. Il y
a même beaucoup de monde qui prétendent
qu'au gros Morne il y a beaucoup d'étran-
gers, et de mulâtres Anglois. Les nègres et
les mulâtres sont dispersés dans les cannes
à sucres et les bois. Lorsque quelques personnes passent, elles sont massacrées. On a
fait des horreurs sur nos prisonniers. M. La-
bat, apothicaire au Fort-Royal, allant chercher, dans une habitation, des mulets pour
porter des vivres à notre armée, a été as-
sailli par un détachement de mulâtres ; on
lui a crevé les yeux, arraché les ongles, et
son corps a été coupé en morceaux ; trois
autres ont subis le même sort.

Du 29 septembre 1790.

Le 21 courant, je fus commandé avec
cent-vingt hommes sous mes ordres, pour

une expédition secrette, dirigée par M. de la Corbière (1). Après plusieurs jours de chemin, étant arrivé chez M. Lagrange, à Sainte-Marie, nous apperçûmes les ennemis à deux cens cinquante pas de nous. Nos ordres portoieut de ne point attaquer. Une de nos gardes avancées ayant essuyé quelques coups de fusil, nous fûmes obligés de la secourir. Nous nous mîmes en bataille sur un morne séparé des mulâtres ou grenadiers, par la rivière de Sainte-Marie.

Ils étoient également en bataille sur une élévation. Nous restâmes environ une heure et demie en perspective, aucun parti ne voulant perdre l'avantage du terrein, et craignant de notre côté de trouver chez notre ennemi retranché, des batteries masquées, et beaucoup de monde dans les cannes à sucre. Sur les 9 heures du soir, il nous arriva de Saint-Pierre un dragon de piquet ; l'ouverture des paquets qu'il portoit nous décida à une retraite entière, que nous fîmes en ordre, sans perdre ni hommes ni munitions. L'événement du Fort-Royal nous fai-

____

(1) Arpenteur général de la colonie.

soit rappeller en diligence par le conseil de
Saiut-Pierre.

Le 21 du courant , l'armée du Fort-Bourbon sortit sur deux colonnes , l'une comman-
dée par M. de Chabrol , l'autre par M. Co-
quille du Gomier , entre le Lamentin et le
Fort-Royal ; elle fut attaquée par une quan-
tité innombrable de blancs , de mulâtres , et
sur-tout de nègres. Plusieurs batteries masquées , placées dans les cannes , firent un
tort immense. Elles étoient servies par quan-
tité de monde , qui faisoient feu sans être
apperçus , presqu'à bout portant. Notre
armée ne pouvant soutenir un feu conti-
nuel , et ignorant d'où il provenoit , se
replia , après s'être défendue peu de temps.
Engagée dans un défilé , la position forçoit
impérieusement à la retraire. Mais nous n'a-
vons pas laissé que de tuer trois on quatre
cens hommes , blancs , mulâtres ou nègres.
Nous avons perdu , tant blessés que tués , environ cent hommes ; le champ de bataille
est resté aux ennemis , avec quatre pièces
de canons , et environ douze cens rations.
Les ennemis ont armé plus de vingt attéliers ;

ils ont à leur service plus de dix mille nègres.
Il n'est pas de cruautés qu'ils ne commet-
tent ; ils ne respectent rien. Les malheureux
blessés sont achevés, sans pitié ; ils pillent
les maisons des patriotes, brisent, cassent
les meubles, etc. En attendant la station que
l'on nous annonce, avec trois mille hommes ;
nos chefs sont convenus de garder la villes
de Saint-Pierre, et le Fort-Bourbon : le reste
de la colonie est à leur discrétion.

Du 2 octobre 1790.

Les mulâtres s'étant avisés hier de s'ap-
procher du Fort-Bourbon, l'on a fait une
sortie sur eux, et on leur a tué beaucoup de
monde. La Guadeloupe nous a envoyè hier
un député, pour nous annoncer qu'elle se-
roit ici aujourd'hui ou demain, avec cent
cinquante hommes de troupes réglées, cent
cinquante citoyens, et vingt-deux députés
conciliateurs.

*EXTRAIT d'une lettre du Fort-Boyal,
du 4 octobre 1790.*

Nous avons toujours les armes à la main ;

sans trop savoir pour quel temps encore.
Le second secours auxiliaire de la Guade-
louppe est arrivé hier à Saint - Pierre , et
nous comptons beaucoup sur les commis-
saires qui sont venus. D'après les excès
auxquels nos antagonistes se sont portés ,
notre cause devient aujourd'hui celle , de
toutes les Antilles ; nous avons expédié dans
toutes les colonies angloises, pour les ins-
truire de notre positiou. Nous ne commu-
niquons en ce moment avec Saint-Pierre ,
que par bateaux. Plusieurs canots de poste
ont été détroussés par des nègres et mulâtres , qui profitent du moment de ce désordre , et ont grand soin de se cacher, dès
qu'il paroît des forces ; de façon que c'est
toujours à recommencer. Plusieurs officiers
du bataillon en garnison à Sainte-Lucie ,
que cette colonie a envoyé à notre secours ,
ont été grossir le nombre des aristocrates ,
en abandonnant leurs drapeaux. ·

Nous Maire et députés de la chambre
du commerce de cette ville , certifions et
attestons que les détails ci-dessus ont été
extraits des lettres reçues de la Martini-

que, par des particuliers de cette ville, dont les originaux nous ont été produits.

A Marseille, 23 novembre 1790.

Signé, MARTIN, maire; ANTOINE PATOT, GRIMAUD, PÉNICAUD, J. N. GIMON, CH. SALLES, SOLLIERT et ALBOUY.

DE L'IMPRIMERIE DU PATRIOTE FRANÇOIS,
Place du Théâtre Italien.